AF284252

Montréal

lieben lernen

Der perfekte Reiseführer für einen unvergesslichen Aufenthalt in Montréal inkl. Insider-Tipps, Tipps zum Geldsparen und Packliste

Vanessa Pütz

✈ INHALT

Vorwort

Nordamerika ist nicht gleich Nordamerika, insbesondere wenn es zu der faszinierenden Großstadt Montréal kommt. Wie der Name es schon erahnen lässt, schwingt ein gewisses französisches Flair mit. Denkt man an Paris, hat man sofort die engen, gepflasterten und verwinkelten Gassen im Sinn, die traditionellen Ecken mit den berühmten Cafés. Dies ist aber nur ein Teil der Stadt Montréal, die man zurecht als elegant, trendig, aufregend und vieles mehr beschreiben kann. Dies ist wahrlich kein Ort, der einen kreativen Kopf kalt lässt. Aber lassen Sie sich nicht von den historischen

Bauwerken und der Geschichte täuschen, diese frankophone Metropole ist kein versteinertes Relikt. Wenn Sie nach Montréal reisen, gehen Sie die alten Wege von Vieux-Montréal entlang, und Sie sind umgeben von modernen Gebäuden, einer innovativen und internationalen Küche, mit grenzenloser Musik, Künstlern und einer beachtlichen Mischung von Kulturen, die nicht nur die französische, sondern auch die italienische, chinesische und karibische Kultur, umfasst.

Sie werden aber auch feststellen, um den vollen Umfang aller Eindrücke und Ereignisse zu erleben, muss es keine sehr kostspielige Reise sein. Es gibt verschiedene Möglichkeiten, die Stadt zu erkunden, und viele Sehenswürdigkeiten, die Sie auf gar keinen Fall versäumen dürfen, wenn Sie diese spannende Weltstadt besuchen, die sich weit von allen anderen kanadischen Städten abhebt. Wenn Sie glauben, Kanada sei nur ein kalter Ort, dann wird Ihnen Montréal das Gegenteil beweisen.

Die fesselnde französisch-kanadische Großstadt ist so warm, wie es in allen vier Jahreszeiten ist. Festivalverrückt, lebendig und vielfältig, bietet diese Stadtinsel eine Fusion aus europäischem Charme und nordamerikanischem Stil. Was wäre Montréal ohne seine Bewohner, die Québecois, die ihre Dualismen mit Stolz annehmen?! Kanada gehört bis heute zum Commonwealth. Sie werden erfahren, dass die Geschichte der Provinz Québec einen langen Weg bis zu seiner Unabhängigkeit zum restlichen Land hatte.

Sie werden erfahren, warum sich diese Provinz und diese spezielle Stadt so hervorheben und wieso es bis heute noch zu Spannungen im Land kommen kann. Bevor Sie also durch das alte, moderne Montréal schlendern, lohnt es sich, auch etwas tiefer in das schlagende Herz der Stadt und deren Einwohner zu schauen. In diesem Sinne: Montréal erwartet Sie!

Warum sich für Montréal entscheiden?

Montréal ist weltweit eine der größeren französischsprachigen Städte und ist hervorragend dafür geeignet, sowohl die Sprache Englisch als auch Französisch aufzufrischen oder sogar erst neu zu lernen. Diese intensive Kombination und das Spiel mit den zwei Sprachen wird Sie noch überraschen. Aber machen Sie sich keine Sorgen, ganz gleich ob Sie Französisch oder Englisch sprechen, Sie werden immer jemanden finden, der Ihnen hilft und Sie versteht, allerdings wird die französische Sprache tatsächlich bevorzugt. Ein sicheres Umfeld ist der Schlüssel, um in Frieden auf Entdeckungstour zu gehen. Diese Großstadt bietet Ihnen diese Sicherheit: Sie können problemlos alleine unterwegs sein oder die öffentlichen Verkehrsmittel bis spät in die Nacht nutzen. Das Magazin Economist hat Montréal als eine der sichersten Städte der Welt eingestuft. Um genauer zu sein, auf Platz vierzehn in der Welt und Platz vier in Nordamerika.

Trotz vielen Besuchern und unzählige Veranstaltungen, können Sie sich sehr frei fühlen, was gerade in der heutigen, unruhigen Zeit sehr wichtig ist. Diese Sicherheit und die vielfältigen Festivals sind der Hauptgrund für einen Besuch, da diese franko-kanadische Stadt, die Festivalstadt schlechthin ist. Seien Sie ehrlich, die meisten lieben Partys und Feste.

In Montréal treffen sich nicht nur die verschiedensten Besucher aus der ganzen Welt zum Mitfeiern, die Mischung aus international und national macht den Unterschied, sodass eine ganze Stadt zu einer Feier oder einem Event werden kann. Daher gilt sie als Kanadas Party-Hauptstadt und ist ein beliebter Ort für zahlreiche Studenten, da es nicht nur sehr moderne Universitäten gibt, sondern sich die trendigen Clubs und Hippster-Cafés förmlich aneinanderreihen und sehr zentral liegen. Ob Sie nun ein Fan von Techno, Klassik, Jazz oder Rave sind, hier sind Sie genau richtig. Sie haben die Qual der Wahl, wenn es zu den verschiedenen Musikevents kommt. Für jeden, der Musik liebt, ein absolutes Highlight.

Montréal ist Kult, was auch immer Sie bevorzugen, gleich ob Sie Kunst oder Naturwissenschaft lieben oder ob Sie ein Sportler oder Naturliebhaber sind, es wird Ihnen in der Kulturhauptstadt nie langweilig werden, da es Unmengen an Museen, Galerien, Straßenkünstler und Schausteller gibt, je nachdem welches Viertel Sie besuchen, und natürlich die historischen Sehenswürdigkeiten, die alle ihre eigene Geschichte erzählen. Außerdem ist der Veranstaltungskalender von Montréal prall gefüllt und vielseitig. Das ganze Jahr über gibt es zahlreiche spannende Veranstaltungen, darunter Ausstellungen, Galerien oder riesige Sportevents. Lieben Sie es, den Spitzensportlern zuzuschauen? Dann sollten Sie auf gar keinen Fall die Eishockey-, Rugby und

Fußballspiele verpassen, die abhängig von der jeweiligen Saison sind. Obwohl das Wetter in Montréal sehr vielseitig ist, werden Sie je nach Jahreszeit immer eine Sportart finden, die zu Ihnen passt.

Wenn Sie gerne selbst Sport treiben, gibt es verschieden Möglichkeiten sich in der Stadt effizient fortzubewegen und dabei noch viel zu sehen. Sie können sich Fahrräder ausleihen, denn die Infrastruktur für Fahrradfahrer ist sehr gut, da Montréal einer der ersten Städte war, die dieses Fahrradverleihsystem umgesetzt hat. Falls eine Party etwas länger ginge und alle Anstrengung zu viel ist, ein Taxi ist schnell gerufen, die Preise sind dazu erschwinglich. Üblicherweise gilt aber auch hier, informieren Sie sich im Vorfeld im Hotel über die normalen Preise, dann sind Sie auf der sicheren Seite, und vergessen Sie das Trinkgeld nicht. Generell kommt man in der Stadt sehr gut zurecht, man fühlt sich nicht so sehr erschlagen, wie vielleicht in anderen Großstädten.

Die öffentlichen Verkehrsmittel sind gut verständlich. Ansonsten sind die Kanadier natürlich auch sehr hilfsbereit, sie werden sich nicht so schnell verirren und wer weiß, vielleicht finden Sie genau dann den Hotspot schlechthin. Folgen Sie einfach

Ihrer Nase, denn diese Weltstadt hat mit die meisten Restaurants in ganz Nordamerika, sodass Sie so gut wie überall Essen finden werden. Entdecken Sie selbst die trendigen Lokale bei einem langen und schönen Spaziergang. Montréal ist nicht nur auf dem Teller eine gute Wahl.

Stadt, Land, Fluss, spielen Sie mit!

M, wie Montréal. Doch warum so französisch? Der Name leitet sich vom Mont Royal ab, was auf Französisch „königlicher Berg" bedeutet. Entdecker des Hügels auf der Insel war der Seefahrer Jacques Cartier, der aus Frankreich stammte. Zu Ehren von König Francoís I, benannte er diesen nach Entdeckung in 1535 Mont Royal, das später zu Montréal wurde. Wie bitte? Insel? Sie haben richtig gehört. Zum größten Teil befindet sich das Stadtgebiet auf der Île de Montréal, die die größte Insel auf den drei Inselgruppen ist. Was hätten Sie nun gesagt? Land oder Insel? Mont Royal ist 233 Meter hoch und ist eine Hügelkette, die vor Jahrtausenden aus einem Vulkangebiet entstanden ist. Der Berg ist das Merkmal der Stadt Montréal und wirkt wie ein Magnet auf viele Besucher, die fasziniert sind von der Insel, der Stadt und dem Hügel. Man hat alles auf einmal. Die Besiedlungsgeschichte reicht mindestens bis 2000 vor Christus zurück. Die europäische Besiedlung begann um 1642 und der 17. Mai 1642 gilt als Gründungsjahr von Montréal.

Im Ursprung entwickelten sich einzelne Viertel, die unabhängig voneinander waren. Diese alten Gassen waren aus Kopfsteinpflaster gebaut und ähneln denen aus Paris, daher ist insbesondere die alte Innenstadt, auch Vieux Montréal genannt, sehr altmodisch und romantisch, fast wie in alten Zeiten. Herausstechend ist die Basilika von Notre-Dame, das kommt Ihnen sicher auch sehr bekannt vor.

Man findet in einigen Punkten ganz klar den europäischen Einfluss, man kann fast schon Duplikat sagen, oder war es, um das Heimatgefühl zu wecken? Finden Sie es doch selbst heraus, wenn Sie die Straßen mit den farbigen Stadthäusern entlanglaufen.

Die Bevölkerung zählt circa 1,78 Millionen Einwohner und die Stadt umfasst eine Fläche von 365,13 km^2 und wird vom Sankt-Lorenz-Strom umrandet. Diese ultimative Hafenstadt liegt 450 km vom Atlantik entfernt.

K, wie Kanada. Wir sprechen hier über ein Land, das wie ein Dach über Amerika sitzt, aber sich sehr von Amerika unterscheidet. Oft verbindet man mit Kanada kalte Winter, Eishockey, Mountain Rangers in typischer Uniform oder Namen wie Justin Bieber, Céline Dion, James Cameron. Aber viel mehr ist Kanada für die wunderschöne Natur und Kultur bekannt. Man hat sofort den Bären, den Elch und den Weißkopfadler im Sinn und es gibt viele natürliche Ressourcen, wie zum Beispiel Zink, Uran, Holz und vieles mehr.

Kanada gehört zu den wohlhabendsten Ländern der Welt, deren Städte man regelmäßig ganz weit vorne bei Lebensstandard-Ranking-Listen findet. Das Land hat eine Gesamtfläche von 9.984.670 km^2 und eine Küstenlänge von insgesamt 202.080 km. Diese Fläche entspricht ungefähr 27,9 Mal der Größe Deutschlands. Kanada ist damit nach Russland das zweitgrößte Land der Welt. Mit 3,7 Einwohner pro km^2 ist es zudem das am dünnsten besiedelte Land in Nordamerika.

In Kanada redet man nicht von Bundesstaaten, sondern es gibt insgesamt zehn Provinzen. Im Einzelnen findet man auf der Landkarte die Provinzen Newfoundland, Prince Edward Island, Nova Scotia, New Brunswick, Québec, Ontario, Manitoba, Saskatchewan, Alberta und British Columbia. Des Weiteren besteht Kanada aus drei Territorien. Diese heißen Yukon, Nunavut und Northwest Territorien. Diese Territorien gehören zu keiner der Provinzen, sie sind eigenständig voneinander. Jedoch haben sie nicht so viel Macht beziehungsweise Rechte wie eine Provinz, da sie andere gesetzliche Bestimmung haben.

Bleiben wir aber bei der Provinz Québec, die Provinzhauptstadt ist etwa 166 Kilometer von der Hauptstadt Ottawa entfernt. Die Wege von Stadt zu Stadt sind recht weit, da das Land nicht so dicht besiedelt ist, wie zum Beispiel in Deutschland. Einer der größten englischsprachigen Städte ist Toronto, das in etwa 504 Kilometer entfernt liegt. Nach Toronto sind viele ehemalige Montréaler geflohen, nachdem es eine lange Zeit über, viele politische

Konflikte in Bezug auf die Sprache gab. Montréal ist, nach Toronto, die zweitgrößte Stadt in Kanada. Nach Amerika würde man nur sechs Stunden mit dem Auto fahren, das ähnelt einer Strecke von Frankfurt am Main nach Hamburg, nur das sich die USA und Kanada deutlich unterscheiden. Aber machen Sie sich selbst ein Bild von den stets gut gelaunten Kanadiern.

Es gibt einen Unterschied zu anderen Ländern: Das Land ist so groß, dass es aus ganzen sechs Zeitzonen besteht. Daher achten Sie auf die Zeit, wenn Sie durch das Land reisen. Wenn Sie die Natur lieben, sind Sie in Kanada genau richtig. Die Hälfte des Landes ist mit Wäldern bedeckt, was nicht überraschend ist, wenn man bedenkt, dass ein Zehntel der Wälder der Welt hier liegt.

Die Flagge Kanadas ist weiß und rot und hat ein herausstechendes Ahornblatt in der Mitte. Jede Provinz hat ihre eigene Flagge. S, wie Sankt-Lorenz-Fluss, der drittgrößte Fluss in Nordamerika. Das St. Lorenz-Wassersystem, zu dem auch die Großen Seen gehören, ist eines der größten der Welt und für die Bewässerung von mehr als einem Viertel der Süßwasserreserven der Erde verantwortlich. Die

Arterie dieses Systems, der St. Lorenz-Fluss, reicht tief in das Innere dieses riesigen Kontinents und verbindet das System der Großen Seen mit dem Atlantischen Ozean. Er durchfließt in breiter Masse den Kontinent und erstreckt sich über etwa 4.000 Kilometer. Der Beginn ist am North River im US-Bundesstaat Minnesota und mündet schließlich über die Cabot Strait im äußersten Osten Kanadas in den Atlantik. Der Fluss fließt durch die kanadischen Provinzen Québec und Ontario und bildet eine Grenze zwischen Kanada und den Vereinigten Staaten. Für beide Länder war und ist dieses Flusssystem ein wichtiger Handelsweg, aufgrund seiner einzigartigen geografischen Lage und Abgrenzung bestückt mit vielen Häfen, Staudämme, Schleusen und Wasserwerken, die große Gebiete mit Energie versorgen.

Aber nicht nur für die Wirtschaft ist der St.-Lorenz Strom von großer Bedeutung, auch für die Flora und die Tierarten ist er ein wichtiger Bestandteil für deren Existenz. So findet man Fischarten wie zum Beispiel Stör oder Hering, aber auch den Beluga-Wal oder den Blauwal findet man dort. Und natürlich auch Vögel, die am Flussufer Nahrung finden. Wer kennt nicht die kanadischen Wildgänse, die man auf ihrer Wanderung am Himmel in großen Schwärmen hören und sehen kann?! Über diesen Fluss fand der Entdecker Cartier seinen Weg zum heutigen Montréal, der von den Ureinwohnern auch großer Wasserweg genannt wird, und gab ihm den Namen St.-Lorenz Strom.

Sprache, Politik, Kultur und Sport

Sie dürfen raten: was glauben Sie ist die Amtssprache in Montréal? Französisch lautet die Antwort und ist von fast 60 % der Bevölkerung die Muttersprache, nur fast 20 % sprechen dort englisch und der Rest ist multikulturell je nach Sprache der verschiedenen Einwanderer. So gibt es auch hier zum Beispiel ein eigenes Chinatown-Viertel. Wenn Sie also nach Montréal kommen, kann es tatsächlich sein, dass Sie von einem Frankokanadier nicht verstanden werden, wenn Sie nur Englisch sprechen.

Doch warum macht es manchen Québecois, so wütend, wenn Englisch auf Schildern steht oder man sie auf Englisch anspricht? Befindet man sich in der Region Québec, müssen Sie um die Bedeutung der Sprache wissen und dass Französisch in der kanadischen Provinz die am stärksten verwendete Sprache ist. Doch kann man diese Sprache auch nicht mit der aus Frankreich vergleichen. Die Sprache hat einen eigenen Dialekt, der auch für Franzosen teilweise unmöglich zu verstehen ist, vor allem wenn sehr schnell gesprochen wird.

Es ist ein sehr emotionales Thema für die Québecois, bei dem die historische Vergangenheit mitschwingt. Es ist für die französisch sprechenden Kanadier sprichwörtlich eine Stimme für die belagerten Nachkommen Frankreichs, auf amerikanischen Boden zu sprechen, daher wird die französische Sprache sehr verteidigt. Dies rührt noch von der britischen Besetzung und dem Siebenjährigen Krieg her. So gab es zu Beginn zwar eine englischsprachige Mehrheit, da sich überwiegend Engländer und Schotten ansiedelten. Diese verteilten sich jedoch im Westen und Englisch war zu diesem

Zeitpunkt, um 1830, die dominierende Sprache. Da sich die Industrie sehr schnell entwickelte, kamen immer mehr frankokanadische Arbeitskräfte aus den ländlicheren Gegenden im Osten in die Stadt, die aber einen französischen Hintergrund hatten. So kam es, dass die städtische Gesellschaft zweigeteilt wurde.

Heutzutage hat sich zwar eine Art sprachlicher Frieden entwickelt, aber die Spannungen sind immer mal wieder präsent. Gerade wenn es darum geht Gesetzentwürfe zu verabschieden, die um den Gebrauch der französischen oder englischen Sprache gehen, kocht es sehr schnell zu hitzigen Debatten hoch und zieht eine Reihe verschiedener politischer Meinungen mit sich. Dieses Thema reicht so weit, dass Québec oft Versuche startet, sich von Kanada komplett zu lösen, um ihr eigenes Land zu werden. Es geht hierbei nicht um die kanadische Unabhängigkeit, sondern vielmehr darum, Québec eine Sonderstellung zu verleihen. Oft diskutiert, aber bis heute nur schwer durch zu bekommen. Wie Sie sehen, ist dieses Thema ein tief verwurzelter wunder Punkt der Montréaler und innerhalb von Québec. Aber für Sie gilt, erklären Sie woher Sie kommen und das Eis ist schnell gebrochen, denn nichtsdestotrotz gelten die Kanadier mit zu den freundlichsten und vor allem lustigsten Menschen. Sie werden die Phrase „Pardon my French" öfters hören, da es das ganze Thema mit der Sprache etwas auf die Schippe nimmt.

Aber fragen Sie doch mal einen echten Québeois, Sie werden definitiv mit einem größeren Sprachwortschatz zurückkehren und viel lernen, denn auch dieses Spiel mit der Sprache macht Montréal einzigartig. Die Politik und Mentalität für sich und für seine Herkunft einzustehen, und dass diese auch erhalten bleibt, ist nirgendwo stärker verankert. Montréal schafft es, die Gesetze, Werte, Moral und Historie in Ehren zu halten und sich nicht durch Einwanderer oder andere Einflüsse zu verändern. Montréal führt eine klare Linie und hebt sich auch deutlich von anderen Städten ab. Dieser Stolz der Nation wird auf Sie abfärben, Sie werden diese Stärke sprichwörtlich fühlen können. Aber nicht nur auf politischer Ebene ist die Provinz interessant, Montréal hat eine vielfältige, ausdrucksstarke und besondere Kultur, und ist bekannt als Stadt der Musik. Während die Festivals erst in den letzten Jahren vor allem in Europa für mehr Begeisterung sorgten, gehören diese zu Montréal wie das Wasser im Fluss. Die Stadt hatte schon immer ein schlagendes Herz für Musik und Kultur.

Die Menschen leben ihr Leben mit Musik. Man könnte behaupten, die Metropole fungiert als kultureller Vermittler, da sich auch die Politik dafür einsetzt, Kultur für jeden zugänglich zu machen, egal welche Herkunft. Vergleichen kann man die Künstlerstadt mit Städten wie New York oder Paris, da es sich um eine der kreativsten und bewegendsten Städte handelt. Damit ist gemeint: Sie können sich vor Ort nicht gegen diesen ansteckenden, energiereichen Vibe dieser Stadt wehren. Sie werden in den Bann gezogen, Sie müssen nur die Augen schließen und der Musik folgen.

Der wichtigste Kulturbezirk ist das Quartier des Spectacles. Auf diesem Quadratkilometer befinden sich über 80 Kulturstätten mit 30 Aufführungshallen und Veranstaltungsorten, 450 Kulturorganisationen und 7.000 kulturbezogene Arbeitsplätze. Sie werden überhäuft mit exotischen Ausstellungen und verschiedensten Arten von Festivals. Oder waren Sie schon mal auf einem internationalen Komödienfestival? Sie werden vor Glück lachen. Es lohnt sich daher auch, in eins der zahlreichen Museen zu gehen, um etwas mehr über das Kulturerbe, die Kunst- oder Naturgeschichte zu erfahren. Anschließend können Sie auf einem Open-Air-Konzert auf einem Festival am Place des Arts tanzen.

Wussten Sie, dass Montréal der Hauptsitz des Zirkusunternehmen Cirque du Soleil ist? Es gibt sehr viele spannende Facetten zu entdecken. Es gibt wirklich nichts, was diese Stadt nicht bieten kann. Kommt es zum Thema Sport in Montréal, ist das Schlagwort Eishockey, das hier eine lange Geschichte hat. 1875 wurde das erste Eishockeyspiel organisiert und der Sport gehört bis heute zu den berühmtesten und beliebtesten Sportarten. Daher ist es ein absolutes Muss, sich ein Eishockeyspiel live anzuschauen. Die Energie im Zuschauerraum ist beflügelnd und mitreißend. Dies wird ein unvergessener Moment. Wenn Ihr Team auch noch gewinnt, genießen Sie die Afterparty. Sie werden am liebsten mit aufs Eis steigen wollen.

Aber es gibt auch ein weites Spektrum an verschiedenen Sportarten, von Fußball, Basketball oder Baseball ist alles dabei, nur um ein paar wenige zu nennen. Planen Sie vielleicht dort das Formel 1

Rennen anzuschauen? Der Große Preis von Montréal befindet sich auf der Insel. Sie haben die Qual der Wahl. Zu welchem Anlass Sie dort auch hinkommen, Sie werden begeistert sein.

DER TYPISCHE FRANKOKANADIER, BONJOUR!

Was macht den Québecois zum Quebecer? Ist es die Doppelmoral der zwei Sprachen oder die Leibspeise Poutine? Forschungsergebnisse haben ergeben, dass die Einheimischen nicht speziell oder aufgrund der Überempfindlichkeit in Bezug auf die Sprache, anders behandelt werden sollten. Bis zu 71 Prozent der Einstellungen und Verhaltensweisen zu dem Rest von Kanada sind gleich. Erfahrungsgemäß sind Sie sehr patriotisch und strahlen eine höhere Lebensfreude aus. Am besten beschreibt man einen Frankokanadier wie folgt: Er ist unbekümmert, stolz, kreativ, unverbindlich, eigensinnig. Es sind eben Eigenarten und es ist ihre Mentalität, die sie in Ehren halten, für andere ist es die Religion, die man respektieren sollte, daher ein kleiner Geheimtipp, bevor Sie einem echten Frankokanadier die Hand schütteln: Begrüßen Sie ihn doch mit einem freudigen „Bonjour". Sie werden sein Herz im Sturm erobern.

TOUREN, AKTIVITÄTEN UND SEHENSWÜRDIGKEITEN

Gar keine Frage sind die Aktivitäten und die Sehenswürdigkeiten der Beginn einer wunderbaren Urlaubsreise. Der eine oder andere plant nicht gerne und läuft einfach los und schaut spontan, was sich unterwegs ergibt. Dennoch ist die richtige Vorbereitung einer Reise besonders dann wichtig, wenn Sie ein kleines Budget haben und in kurzer Zeit das meiste aus Ihrer Zeit rausholen möchten. Besonders entscheidend ist natürlich das Wetter: Möchten Sie lieber viel Sonnenschein oder doch eine kühlere Jahreszeit? Des Weiteren sind spezielle Events auch nur zu einer bestimmten Zeit oder in einem bestimmten Zeitraum. Es gibt in Montréal auch unglaublich viel spontan zu erleben, daher ist eine Kombination aus Planung und Spontanität ratsam.

VANESSA PÜTZ

Montréal, eine Stadt zum Verlieben

Sind Sie der Winter- oder der Sommertyp? Diese Frage ist entscheidend, um zu wissen wie Sie Montréal gerne erleben möchten. Beides hat durchaus seinen Reiz. Auch wenn der Winter alles gerne frisch hält und der Sommer einen schwitzen lässt, es gibt sehr viel Schönes zu erleben. Entscheiden Sie was Ihnen am besten gefällt. Täglich grüßt das Murmeltier, fest eingeplant sind auf jeder

Reise die Mahlzeiten. Für ein kulinarisches Erlebnis eignet sich am besten ein Besuch des Time Out Market´s. Hier vereinen sich die besten der besten Restaurants und Küchenchefs auf einer zentralen Bühne von über 40.000 Quadratmeter und ein großes kulturelles Ziel, das zentral im Zentrum des Centre Eaton de Montréal gelegen ist, dem größten seiner Art, und das mit 16 Restaurants, drei Bars für Bier, Wein und Cocktails, einer Demonstrationsküche, um kulinarische Aktionen zu sehen und zu probieren, einer Kochschule, um neue Tricks und Techniken zu lernen, einer Verkaufsfläche und Kulturräumen, die der Kunst, der Musik und mehr gewidmet sind, ausgestattet ist.

Ein weiterer belebter Markt ist der „Jean-Talon-Markt". Ein Bauernmarkt, den es seit 1933 gibt und auf dem eine Vielzahl von lokalen Erzeugern: Fischhändlern, Metzgern, Bäckern, Restaurants und Lebensmittelgeschäften vertreten sind. Ob hier oder an anderen Orten, die Märkte sind Dreh- und Angelpunkte der gastronomischen Bausteine der Stadt, voller lokaler Produkte und Erzeugnisse. Eine weitere geschmacklich einladende Gegend ist sicherlich eine Food-Tour durch das Viertel Mile End, das zu den kreativsten Vierteln zählt. Wenn Sie am Ende des Tages gemütlich in einem Restaurant oder einer Bar mit einer sehr guten Weinkarte entspannen möchten, sind Sie im „Mon Lapin" genau richtig. Die Speisekarte ist bescheiden und konzentriert sich auf den Geschmack, und die Weinkarte ist voll mit köstlichen natürlichen Weinen.

Eine sehr gute Weinbar ist das „Rouge Gorge", das man im Herzen des Plateaus findet, der Partymeile von Montréal. Sie bieten dort eine umfangreiche Karte mit internationalen Weinen sowie Bier, Cocktails und köstlichem Essen an. In diesem pulsierenden Lokal ist für jeden etwas dabei. Sie werden sicher nicht lange alleine sitzen. Man sagt, die besten Gespräche führen Sie mit einem Fremden.

Ein weiterer zu empfehlender Hotspot am Plateau ist das „Majestique", ein lebhafter Ort, direkt am Saint Laurent Boulevard. Das Majestique ist bekannt für seine Meeresfrüchtegerichte, Austern und einem Spezial-Hotdog. Ein weiterer Reisetipp, das nicht nur mit gutem Essen überzeugt, ist das „Terrasse Nelligan", ein absoluter Klassiker. Die Dachterrasse bietet den besten Blick auf das alte Montréal und lässt Sie Auge in Auge mit architektonischen Ikonen wie der Basilika Notre-Dame blicken, während Sie köstliche Getränke und Speisen zu sich nehmen. Sie können nicht viel falsch machen, für das sehr gute Essen ist die Stadt bekannt und auch die Einwohner probieren immer die neuesten Gerichte. Gehen Sie auf eine unvergessliche Essenstour, idealerweise mit einem Einheimischen. Bon Appetit!

Neben den vielen Lokalen säumen sich die Straßenfeste durch die Viertel. Das ganze Jahr über gibt es auf den Hauptverkehrsstraßen der Stadtviertel eine Menge davon zu besuchen. Wenn Sie zu Fuß auf einem dieser Feste unterwegs sind, kann man alle Arten von Aktivitäten, Einkaufsmöglichkeiten, Musik, Essen und Trinken genießen. Für ein großes Straßenfest wie dem Quartier Latin Ende Mai wird sogar die Straße für den Verkehr gesperrt.

Oder denken Sie nur an den großen Formel 1 Grand-Prix, der in der Regel an einem Juni-Wochenende stattfindet. Daher empfiehlt es sich vor der Reise zu schauen, wann ein bevorzugtes Event stattfindet und natürlich falls notwendig auch schon Tickets zu bestellen. Falls Sie müde vom Laufen sind, denken Sie an die überall vorhandenen Bixi-Radständer. Es war noch nie so einfach, die Stadt auf zwei Rädern zu erkunden. Denn die Stadt verfügt über ein gutes Netz von Radwegen, die durch die Innenstadt verlaufen. Eine beliebte Strecke für eine Radtour ist die Uferpromenade entlang des Wassers am Lachine-Kanal. Die Route führt vom Alten Hafen zum Atwater Market und darüber hinaus bis zum Parc René-Lévesque. Dieser Weg führt sie an öffentlicher Kunst und der ikonischen Industriearchitektur der Stadt vorbei. Dieser Trip ist wirklich sehr zu empfehlen.

Besuchen Sie als nächste Station doch die Altstadt, die vor Jahrhunderten von den Siedlern Neufrankreichs gegründet wurde, deren Kopfsteinpflasterstraßen und Fundamente an die europäischen Wurzeln erinnern und die, wenn sie sprechen könnte, die lebendigsten Geschichten aus alten Zeiten erzählen könnte. Dieses Viertel, mit Blick auf den Sankt-Lorenz-Strom, bietet einige der besten Restaurants, lange Einkaufspromenaden, eine Handvoll Museen, historische Bauten und Attraktionen über Attraktionen, in diesem Stadtteil gibt es bei Tag und bei Nacht keinen Mangel an Aktivitäten. Insbesondere die Aussicht von dem Uhrenturm des Alten Hafens lohnt sich. Wenn man die 192 Stufen erklimmt, wird man mit einem herrlichen Blick auf den gesamten Hafen sowie einen beeindruckenden Blick auf die Skyline der Stadt und den Saint-Lawrence-Fluss belohnt. Diese Nachbildung des Big Ben in London war aufgrund seiner Funktion als Uhr ein wichtiges Merkmal des Hafens, diente aber auch als Denkmal für die Seeleute, die während des Krieges auf See ihr Leben verloren. Wenn Sie die Geschichte packt und Sie mehr über die Gründung wissen möchten, dann gehen Sie in Museen wie das Pointe-à-Callière, das einen archäologischen Einblick in die Vergangenheit Montréals bietet, oder das historische Centre d'Histoire de Montreal. Es gibt auch das Chateau Ramezay, das sich gegenüber dem Rathaus und neben der Place Jacques-Cartier befindet und das mehrere Darstellungen der Stadtgeschichte sowie einen wunderbaren französischen Kolonialgarten in seinem Hinterhof bietet.

Wer glaubt, man kann nur im Sommer viel erleben, der irrt. Vieles lässt sich unterirdisch sehr gut erreichen und erkunden. Die U-Bahn-Stadt ist für Winterreisende sehr praktisch, denn es ist die Stadt der vier Jahreszeiten. Ändert sich das Wetter, dann ändern Sie einfach die Aktivitäten. Als Insidertipp:

Im Winter friert das kleine Gewässer im Schatten des Riesenrads von Grand Roue zu und wird zur Natrel-Eisbahn, die für alle Schlittschuh-Freunde offen ist. Während der gesamten Wintersaison gibt es mehrere festliche Veranstaltungen und Themenabende wie Feuerwerke und Live-Musik. Wenn wir schon bei dem Grand Roue sind, machen Sie eine Spritztour an Bord von La Grande Roue de Montréal, ein 60 Meter hohes Beobachtungsrad, das kaleidoskopisch beleuchtet und mit klimatisierten Kabinen ausgestattet ist. Es bietet das ganze Jahr über einen vollständigen Blick auf die Altstadt.

Das Beobachtungsrad wurde in der Altstadt von Montréal zum Gedenken an das 375-jährige Bestehen der Stadt errichtet. Der Panoramablick an Bord dieses beleuchteten Rades machen es zu einer romantischen Attraktion für Sie oder schauen Sie sich die erleuchtete Jacques-Cartier-Brücke an. Die Brücke, die die Insel Montréal mit der Stadt Longueuil verbindet, wird mit 365 Farben beleuchtet. Die dekorative Beleuchtung dieser Brücke, die anlässlich des 150-jährigen Bestehen Kanadas und des 375-jährigen Bestehens von Montréal angebracht ist, sollte man am besten aus nächster Nähe bewundern.

Es ist auch einer der besten Orte, um das Montréaler Feuerwerksfestival zu bewundern, das größte seiner Art in der Welt, das 1985 zum ersten Mal stattfand. Gehen Sie aufs Ganze und steigen Sie an Bord einer Dinner-Kreuzfahrt, um die Lichter über dem Fluss stilvoll zu genießen.

Etwas ruhiger geht es im Botanischen Garten zu. Hier wartet eine riesige Sammlung von Pflanzen auf Sie, die sich auf über 190 Hektar kulturell thematischer Gärten, Gewächshäuser und Art-Déco-Pavillons erstreckt. Der Botanische Garten, der aufgrund seiner Zehntausenden von Arten als eine der angesehensten Pflanzensammlungen der Welt gilt, ist eine der beliebtesten Attraktionen der Stadt, die man für einen Besuch oder eine Bildungsreise nutzen kann. In seinen Räumlichkeiten befindet sich auch das Insektarium, ein naturhistorisches Museum mit 95 verschiedenen Arten und eine sehenswerte grüne Oase mitten in der Metropole.

Es gibt nicht nur tagsüber viel zu sehen, auch das Nachtleben ist legendär. Für Nachtschwärmer gibt es eine große Auswahl an Clubs in der Innenstadt. Wenn es etwas gibt, wofür Montréal bekannt ist, dann ist es das Nachtleben, mit DJ-

Veranstaltungen und zerrissenen Tanzflächen. Mit einem legalen Trinkalter von 18 Jahren, einer prominenten Präsenz des innerstädtischen Universitätsgeländes und seinen Bars, die um 3 Uhr morgens schließen, hat diese Stadt seit Langem den Ruf, eine Partystadt zu sein. Bassbars wie der unterirdische Club Forest Typ und der Nachtclub Soubois sind beliebt, um die Nacht durchzumachen. Gefolgt vom After-Hour-Spot Stereo, wo man buchstäblich bis zum Sonnenaufgang tanzen kann.

Haben Sie genug getanzt? Dann lassen Sie sich von den Tänzern des Cirque du Soleils verzaubern. Die weltberühmte Zirkusgesellschaft, die eine globale Reihe von Zirkusstilen synthetisiert, wird Sie begeistern. Was in den späten 1970er Jahren mit einer winzigen Truppe von Straßenkünstlern begann, ist inzwischen zu einem riesigen Wanderzirkus explodiert, der in jeder Hinsicht verblüfft, von Kostümen und Komödie bis hin zu Akrobatik und Geschichtenerzählen. Ihre Fähigkeiten in Design und Aufführung bringen ihnen heute regelmäßige Auftritte in Las Vegas, während sie zwischen dem Spätsommer und den kälteren Monaten Montréals um die Welt touren. Ein kleiner Tipp: Schnappen Sie sich

einen Krug Sangria in der Dachbar Terrasses Bonsecours, bevor Sie zwischen dem Frühjahr und Hoch-
sommer für eine Show in das große Zelt gehen.
Wenn eine neue Show auf Tournee geht, ist der Auf-
takt immer in der Heimatstadt. Diese Show sollte auf
Ihrer Programmliste nicht fehlen.

Neben den bunten Straßenfesten und Schaustel-
lern der Zirkusgruppe ist Montréal auch als Stadt der
Festivals bekannt. Diese überaus vielseitige Stadt
begeistert mit so vielen Festivals, dass man nicht darum herumkommt, sich vorher zu informieren, was
wann genau stattfindet. Hierzu ist das Quartier des
Spectacles ein Abstecher wert. Dieser Stadtbezirk ist
berüchtigt für seine Unterhaltungs- und Kulturver-
anstaltungen, das sich auf acht Gebiete verteilt und
der Hauptort für einige der berühmtesten Festivals
ist. Im Sommer finden hier die größten Veranstaltungen wie das Just for Laughs Comedy-Festival und
das Internationale Jazz-Festival statt. Des Weiteren
finden dort regelmäßig öffentliche Kunstveranstal-
tungen statt, sodass dieser Bereich im absoluten Mit-
telpunkt steht. Hier finden auch die eleganten Auftritte des Montréal Symphony Orchestra und der
Montréal   Opera   statt.   Das   über   einen

Quadratkilometer große Quartier des Spectacles, was so viel wie „Nachbarschaft der Spektakel" heißt, ist das Vergnügungsviertel schlecht hin und entwickelt sich ständig weiter. Jährlich finden hier über 40 Festivals statt, es beherbergt über 80 Aufführungsorte und ist mit drei Métro-Stationen und 10 Buslinien verbunden.

Wenn Sie von den Künstlern nicht genug bekommen, dann sollten Sie sich die Kunst im Phi Centre nicht entgehen lassen. Sehen Sie in diesem multikulturellen Kunstzentrum Arbeiten von lokalen und internationalen Künstlern an, die von technisch versierten bis zu den Provokationen der Postmoderne reichen. Angeboten wird ein regelmäßig variierendes Programm in allen möglichen Kunstformen, sowohl analog als auch technologisch. Ob es sich um akustische oder visuelle Kunst handelt, es ist immer etwas Erstaunliches im Gange. Wenn Sie glauben, das ist schon alles, was die Metropole Ihnen bieten kann, so haben Sie falsch gedacht. Als Hafenstadt hatte diese Stadt auch ihre ganz andere Geschichte, ähnlich wie der Hamburger Kitz. Auch hier finden Sie Tanzlokale und Kabaretts, die damals zur Unterhaltung der Seeleute dienten. Eine interessante Geschichte erzählt das Café Cléopâtre, das ein Paradebeispiel für Montréals Geschichte der exotischen Tänzerinnen und Tänzer ist. Mit einem Strip Club im Erdgeschoss und einem Kabarett im Obergeschoss, das Burleske, Varieté und Drag-Shows zeigt, werden Sie hier auf eine unterhaltsame Reise gehen. Das Café Cléopâtre ist eines der wenigen Geschäfte, die noch in ihrer Ursprünglichkeit intakt geblieben sind. Es ist einer der Gründe, warum diese Stadt früher als das Paris Nordamerikas bekannt war. Dies ist ein kleiner Insider-Tipp und bietet auch spannende Unterhaltung.

Wer genug von der Kunst und der Musik hat, der sollte sich als Nächstes das Olympiastadion anschauen. Dieses Stadion ist ein Mehrzweckstadion, das für die Olympischen Sommerspiele 1976 gebaut wurde, und ist heute ein beliebtes Ziel sowohl für Besichtigungen als auch für Sportveranstaltungen. Gehen Sie vor Ihrer Reise die kommenden Sportveranstaltungen durch. Suchen Sie sich je nach Saison die Events raus, die Sie nicht verpassen möchten. Auch ein anderer Blickwinkel ist die 360 Grad Beobachtungsplattform, auch Place Ville Marie Observatory genannt, denn sie bietet einen atemberaubenden Blick auf Montréal und ermöglicht es Ihnen, die wichtigsten Wahrzeichen und kulturellen Säulen der Stadt zu sehen. Beobachten Sie den Sankt-Lorenz-Strom, den Mount Royal, das alte Montréal, das Quartier des Spectacles und auch das zuvor genannte Olympiastadion, um nur einige der Attraktionen zu nennen, die 185 Meter über dem Boden sichtbar sind. Dies ist wahrhaftig ein absolutes Highlight Ihrer Reise und einen Boxenstopp wert, besonders wenn Sie zuvor schon an der einen oder anderen Sehenswürdigkeit waren. Sie können später noch erzählen, wie Sie die Orte selbst erlebt haben, insbesondere wenn dort das Mega-Sportevent oder Festival war.

Falls Sie es noch schaffen, besuchen Sie die alte Notre-Dame Basilika. Ein Besuch dieser, Mitte des 18. Jahrhunderts errichteten, römisch-katholischen Kirche ist ein Muss für jeden, der durch die Straßen von Old Montréal geht. Etwa 11 Millionen Menschen besuchen Notre-Dame jedes Jahr. Viele besuchen dieses Exemplar aus der Zeit der Gotik wegen seiner Schönheit aus Stein und Glas, wegen der Orgelvorführungen auf seiner 7.000-Pfeifen-Orgel oder wegen der Licht- und Tonshows, die jede Woche stattfinden. Zu guter Letzt ist eine beliebte Attraktion das Gibeau Orange Julep. Sie ist ein klassisches Diner am Straßenrand an der Côte-des-Neiges, das wie eine Riesenorange geformt ist und ein ausgesprochen cremiges Orangensaftgetränk serviert. Der Gibeau Orange Julep ist eine Art Drive-Through aus den frühen 1930er Jahren und ein beliebter Stopp für Autofahrer. Hieran sieht man einmal mehr die Vielseitigkeit, da dies wieder eine amerikanische Seite zeigt und daher auch eine Besichtigung und Pause wert. Dies sind wirklich die absoluten Highlights, natürlich werden Sie vor Ort die Möglichkeit haben selbst viel mehr zu entdecken und am Ende Ihrer Reise von Ihrem eigenen persönlichen Highlight zu erzählen.

Zum Verweilen nach Mont Royal

Als uralt könnte man den Berg bezeichnen, der vor Tausenden von Jahren durch den Rückzug der Gletscher geformt wurde, und ist ein Hügelzug mit insgesamt drei Hügeln. Seine ideale Lage in der Mitte der Insel, der Blick auf den Fluss und die Wälder, schafften vor Tausenden von Jahren einen bevorzugten Ort für indigene Völker. Es war eine reiche Quelle an scharfkantigen Gesteinen, die zur Herstellung von Werkzeugen und Waffen für die Jagd benötigt wurde. Die Jäger und Sammler zu dieser Zeit bauten ihre Dörfer und nutzten das fruchtbare Land zum Anbau landwirtschaftlichen Produkte wie Mais, Kürbis und Bohnen, die als die drei Schwestern bekannt sind. Daher hatte dieser Berg zweifellos eine kulturelle Bedeutung für die Ureinwohner, sozusagen ein heiliges Land, deren Existenz im Einklang mit der Natur stand, noch fern der industriellen Landschaften, denen man heute begegnet.

Im Jahre 1535 wurde der Berg von Jacques Cartier entdeckt, der ihm den Namen Mont Real gibt. So siedelten immer mehr Menschen um den Berg und im Umland an, sodass Montréal sehr schnell wuchs. So zog die Gegend auch zahlreiche Geschäftsleute wie James McGill an. Dieser schottische Händler beklagte den Mangel an Lehranstalten in Montréal und vermachte nach seinem Tod seinen Besitz, aus dem eine Schule gemacht werden sollte. Im Jahr 1821 wurde die McGill-University auf dem Berg gegründet, die zu einer der ersten akademischen Einrichtungen Kanadas wurde. Die Bildung begann am Mount Royal zu florieren, als das Collège de Montréal 1870 nach Sherbrooke West und das Collège Notre-Dame 1881 nach Côte-des-Neiges umzogen.

Die Université de Montréal weihte 1943 ihren neuen Campus auf dem Berg ein. Diese blühende Stadt, die jetzt die Metropole des Landes ist, konnte die drängende Frage, was mit den Verstorbenen zu tun sei, nicht länger verdrängen. Aus Gründen der Hygiene und des Platzmangels wurde beschlossen die Toten außerhalb des Stadtzentrums auf großen Friedhöfen auf dem Berg zu begraben. Ab 1852 empfing der Mount Royal Cemetery die anglofonen protestantischen Seelen. Der katholische Friedhof Notre-Dame-des-Neiges, der 1854 angelegt und von der Cimetière du Père-Lachaise in Paris inspiriert wurde, ist heute der größte Friedhof in Kanada. Die neue Bestimmung des Berges als Gedenkstätte ermöglichte es, große Teile des Berges vor der drohenden Verstädterung zu schützen.

Die Geschichte zeigt, dass auch die indigenen Völker ihre Toten in prähistorischer Zeit auf dem Berg begraben haben. Die Entdeckung mehrerer Grabstätten an verschiedenen Orten auf dem Mount Royal ist ein Beweis für die Bedeutung und den heiligen Wert des Berges für die indigenen Völker, die vor Tausenden von Jahren auf der Insel Montréal lebten. Um 1861 war die industrielle Revolution in vollem Gange, und die Bevölkerung von Montréal sah sich mit Umweltverschmutzung, mangelnder Hygiene und Epidemien konfrontiert. Die damalige Hygiene-Bewegung befürwortete eine Rückkehr zur Natur als Mittel gegen die Verbreitung von Krankheiten. Die Kranken sollten außerhalb der Stadt behandelt werden, fernab von Lärm und Schmutz, in Krankenhäusern mit Parks und Wegen, wo die Patienten frische Luft genießen konnten.

Der Mount Royal wurde zu einem Land der Ruhe und Heilung. 1861 verließ das Hôtel-Dieu de Montréal seinen Standort in Alt-Montréal und wurde das erste Krankenhaus auf dem Berg. Kurz darauf ließen sich auch das Royal Victoria Hospital und das Shriners Hospital for Children auf dem Mount Royal nieder, um den therapeutischen Wert der Natur zu nutzen. 1876 war Montréal zu einer wichtigen Industrie- und Handelsstadt mit reichen Familien, Arbeitervierteln und einem Handelshafen geworden. Inmitten all dessen der Berg. Immer majestätisch, aber schon zerbrechlich. Viele waren der Meinung, dass der Berg erhalten und den Montréalern als ein Ort der Natur, der Schönheit und des Wohlbefindens in Form eines großen Parks angeboten werden sollte.

Im Mai 1876 zog die offizielle Einweihung des Mount Royal Park eine große Menschenmenge an. Der Société Saint-Jean-Baptiste verdankt der Berg das Kreuz, das heute auf dem Mount Royal steht. Im Jahr 1874 äußerte die Organisation den Wunsch, ein Kreuz auf dem Berg zu schaffen, dass an das von De Maisonneuve im 17. Jahrhundert errichtete Kreuz erinnert. Erst einige Jahre später, 1924, gelang dies dank einer großen öffentlichen Spendenkampagne in Québec. Das beleuchtete Kreuz erhebt sich bis zu 30 m über den Gipfel des Mount Royal. Heute ist das Gebiet der Regierung von Québec als Kulturerbe anerkannt. Ein großer Teil des Berges genießt daher Schutzmaßnahmen, die die Entwicklung und Verschönerung seiner Räume und Gebäude leiten.

Wenn Sie also auf den Berg gekommen sind, dann entdecken Sie die Geheimnisse des Mont Royals, seine Wanderwege und die unglaublich schöne Aussicht auf die Lichter der Stadt. Verweilen Sie auf den Aussichtspunkten und lassen Sie die Zeit für eine Weile stehen und reflektieren die kulturelle und religiöse Geschichte des Berges. Im Winter oder Sommer, das bleibt Ihnen überlassen, ob Sie die Schneestiefel, Wanderschuhe oder Schlittschuhe anziehen. Sie werden in dem Park den ultimativen Naturspaß erleben. Der Berg ruft!

Alter Hafen mit Nervenkitzel

Genauso spannend wie der Berg, ist der alte Hafen von Montréal, der von dem Stadtgründer Paul Chomedey de Maisonneuve angesegelt wurde und der dort vor Anker ging. Um 1760 expandierte der Pelzhandel und die ersten Hafenanlagen wurden gebaut. Anstatt auf schlammigen Flussufern aufzusetzen, bauten die Händler provisorische Holzdocks entlang des Ufers. Die Accommodation wurde 1809 das erste Dampfschiff, das einen regelmäßigen Dienst zwischen Montréal und

Québec City angeboten hat. In 1825 war die offizielle Eröffnung des Lachine-Kanals, der es ermöglichte, den ganzen St. Lorenz-Kanal zu befahren und mehrere Städte zu erreichen. Die industrielle Zeit erlebte ihr Hoch und 1850 wurde zwischen Montréal und dem Lac Saint-Pierre ein Kanal ausgebaggert, der es dem Hafen ermöglichte, fortan transatlantische Schiffe aufzunehmen. Parallel dazu begann die Eisenbahnindustrie zu florieren und im Jahr 1859 wurde die Victoria-Brücke eröffnet, sodass Züge den Fluss überqueren konnten.

Montréal wurde zum wichtigsten Knotenpunkt für den Eisenbahn- und Seeverkehr in Kanada. Im Jahr 1898 stellte die Bundesregierung eine Million Dollar für die Modernisierung der Hafenanlagen bereit. Zu den wichtigsten in dieser Zeit errichteten Infrastrukturen gehörten Betonkais, Stahllagerhallen, Docks und Getreideaufzüge, deren Baumaßnahmen Montréal zum bedeutendsten Getreidehafen der Welt machten. Den Höhepunkt erreichte der Hafen in 1928 mit 12,5 Millionen Tonnen an Waren, die den Hafen passierten. Nur zwei Jahre später erfolgt die Einweihung der Montréal Harbour Bridge, die einige Jahre später in Jacques-Cartier-Brücke umbenannt wurde. Die Entwicklung der Industrialisierung war so rasant, dass in 1959 schon nach der Eröffnung des St.-Lorenz-Seewegs der Hafen von Montréal einen Rückgang verzeichnet, da die Hochseeschiffe nun die Großen Seen ohne Zwischenstopp in Montréal erreichen konnten. Nur vier Jahre später wird das alte Montréal zum historischen Viertel erklärt und der Lachine-Kanal wurde 1970 für die Schifffahrt komplett gesperrt.

Nachdem der Hafen 1976 weiter nach Osten verlegt wurde, spezialisiert man sich auf den Umschlag von Containern. In den kommenden Jahrzehnten sanierte man den Hafen und im Jahr 1992 erfolgt die Einweihung des "Neuen Alten Hafens von Montréal" genau am 350. Jahrestag der Gründung Montréals. Etwas nach dem Millennium widmete man sich dem Thema Verbesserung der Freizeit-, Tourismus- und kulturellen Infrastruktur des Alten Hafens und heute empfängt der Alte Hafen jährlich sechs Millionen Besucher. Sie kommen alle, um sich von einzigartigen Aktivitäten begeistern zu lassen. Lassen Sie sich zum Beispiel im Sommer im Spa verwöhnen oder entspannen Sie sich am Clock Tower Beach. Die Auswahl ist groß: Mieten Sie Tretboote,

Fahrräder oder Vierräder, genießen Sie eine geführte Tour mit dem Segway oder machen Sie eine Kreuzfahrt auf dem St-Lawrence River. Machen Sie sich einen schönen Tag am Wasser, so hat der alte Hafen auch das Wissenschaftszentrum, das Riesenrad La Grande Roue, das SOS-Labyrinth oder für den extremen Nervenkitzel, eine Zipline. Ziplining ist für jung oder alt ein absoluter Kick am Kabelzug, mit einer fantastischen Aussicht.

Oder wer es noch nervenaufreibender mag: Gehen Sie Rafting fahren. Es gibt eine Abfahrt über die Lachine-Stromschnellen, da werden Sie Ihren Spaß haben. Sind Sie mit der ganzen Familie unterwegs, genießen Sie den Familienerlebnispark in Voiles en Voiles mit Hindernisparcours und viel Aktion. Wer es am Hafen etwas lehrreicher möchte, dem werden die Museen Pointe-à-Callière und Marguerite-Bourgeyos sehr gefallen. Im Winter können Sie Schlittschuhe ausleihen und auf der Natrel-Eislaufbahn einige Runden drehen oder schauen Sie sich die Feste am Hafen an, denn auch hier gibt es immer etwas zu feiern, sei es das Iglu-Fest oder das Feuer-Fest. Am besten gehen Sie in der Zeit zurück und schlendern Sie durch die Rue Saint Paul, erleben Sie den schönsten Blick vom Grande Roue. Von dort haben Sie den Blick auf den Heiligen Lorenz neben den Engeln von Ville-Marie auf der Kapelle Notre-Dame-de-Bon-Secours. Lassen Sie sich am Abend von den hellen Lichtern am alten Hafen verzaubern. Schiff ahoi.

Hubschrauber, Fahrrad oder Auto?

Für jeden ist etwas dabei. Wer schon immer mal mit dem Hubschrauber fliegen wollte, gibt es hier bei einem Höhenflug auch viel zu sehen. Haben Sie nicht so viel Zeit, dann empfehlt es sich einen Helikopterrundflug zu machen, da Sie so den Berg Mont Royal, Downtown Montréal und das Olympiastadion am besten sehen und eine wirklich wunderschöne Aussicht entlang des Sankt-Lorenz-

Strom haben. Die Touren liegen preislich ab 100 Euro und dauern zwischen 20 oder 30 Minuten, je nach Buchung.

Wer natürlich mehr Zeit mitbringt, der kann die Stadt oder den Berg auch zu Fuß oder mit dem Fahrrad erleben. Zu Fuß kommt man sehr weit mithilfe des Hop-On Bus, so werden verschiedene Stationen angefahren und Sie können in Ruhe auf Entdeckungstour losziehen. So ein Bus-Ticket kostet in etwa pro Tag 40 Euro.

Entlang des Flusses können Sie sich ein Fahrrad oder Segway ausleihen und entlang des Ufers den Hafen und die Stadt erkunden.

Oder testen Sie Ihre Seemannsbeine bei einer Runde auf einem Schiff, bestaunen Sie die Sehenswürdigkeiten vom Boot aus. Ein Ticket liegt in etwa bei 30 Euro und eine kleine Pause vom Laufen haben Sie sich auch verdient. Wenn Sie allerdings eine längere Zeit in Kanada sind und auch andere Städte besuchen, empfiehlt es sich, ein Auto zu mieten, da die Wege recht weit sind, gerade wenn man in die Hauptstadt Ottawa oder nach Toronto fährt. Hat man allerdings nur ein Date mit dem vielfältigen Montréal, dann kommen Sie auch sehr gut ohne Auto zurecht, da man alternativ auf die Metro oder den Bus umsteigen kann.

Reisevorbereitungen

Natürlich ist es hilfreich, sich auf die Reise vorzubereiten. Man kann nur betonen, dass man den Koffer entsprechend der Jahreszeit packt und an die wichtigsten Dokumente denkt. Mithilfe des Internets kann man sehr viel im Voraus planen und auch mit Vergünstigungen buchen. Die Währung ist der kanadische Dollar und man kann je nach Wechselkurs an dem Reisetag schauen, ob es am Flughafen günstiger ist oder man vor Ort etwas Geld wechselt.

FLUG UND UNTERKÜNFTE

Wie lange fliegt man von Deutschland nach Montréal? Von Frankfurt am Main sind es in etwa 8 Stunden. Diese Flugzeit beschreibt einen Non-Stop Flug mit einer Flugstrecke von ungefähr 5.861 Kilometer beziehungsweise 3.642 Meilen. Die kanadische Fluglinie heißt Air Canada, die man natürlich stark vertreten am Aéroport international Pierre-Elliott-Trudeau de Montréal (YUL) findet. Natürlich sind Flüge mit Zwischenstopps etwas günstiger zu bekommen, so findet man Flüge ab 500 Euro aufwärts, abhängig von der Reisezeit, Reisedauer und dem Reisekomfort.

Wer lieber eine sichere Kombination buchen möchte, der bucht sein Hotel oder Hostel direkt mit. Natürlich variieren die Preise stark, je nachdem ob man eine luxuriöse Unterkunft haben möchte oder ein einfaches Hostel ausreicht. Dies ist letztlich eine individuelle Entscheidung, aber die Preise liegen zwischen 20 Euro aufwärts für eine Nacht. Am günstigsten fährt man mit einem Hostel, wenn es einen nicht stört, sein Zimmer mit einigen Fremden zu teilen, die vielleicht schon abends zu tollen und netten Reisebegleitern werden. Die schönsten, aber auch teuersten, Unterkünfte sind am Hafen oder in der Altstadt Montréals. Aber als kleiner Tipp: Schauen Sie sich auf der Seite „Airbnb" um, dort werden Unterkünfte vermietet, die eine Alternative zu Hotels und Hostels sind. Also egal, ob Sie ein Kombi-Paket Reise mit Flug und Unterkunft buchen oder den Flug und Hotel separat buchen, die Kosten für fünf Tage beginnen preislich für Flug und Hotel als Kombi ab 640 Euro. Wenn man ein straffes Programm in kurzer Zeit schafft, reichen drei Tage in der Stadt.

Aber wenn Sie etwas mehr Zeit haben, das Land Kanada hat wirklich sehr viel zu bieten und eine Tour mit Besichtigung von mehreren Städten ist eine gute Möglichkeit das Land viel intensiver kennenzulernen. Gehen Sie doch alle Aktivitätsvorschläge noch mal in Ruhe durch, entscheiden Sie sich vor der Reise, was Sie unbedingt dabeihaben möchten und vor allem zu welcher Jahreszeit. Sie werden aber noch lange Zeit insbesondere von dem alten Montréal schwärmen. Von allen Großstädten gehört diese mit an oberster Stelle, die man im Leben mindestens einmal erlebt haben muss.

BESTE JAHRESZEIT UND WETTER

Oh du frostige Winterzeit in Québec. In Montréal herrschen dann eisige Temperaturen, weil die nordamerikanische Landmasse stark abkühlt und sich der Zusammenstoß von warmen und polaren Luftmassen häuft. Dies bedeutet, dass es zwischen November und März bis zu -15 Grad werden kann, wobei der Januar mit der kälteste Monat ist. Die Durchschnittstemperatur liegt bei -10 Grad, ähnlich hoch wie in Russland. Die Niederschläge sind gut über die Jahreszeiten verteilt.

Tatsächlich ziehen in allen Monaten Wetterfronten über die Stadt und sind auf das ständige Aufeinandertreffen von warmen und kalten Luftmassen zurückzuführen. In der einzigen Jahreszeit, in der dieses Aufeinanderprallen weniger häufig ist, d. h., im Sommer können sich am Nachmittag Gewitter entwickeln, die mehr Niederschlag bringen, sodass der Sommer zumindest mengenmäßig genauso regnerisch ist wie der Herbst. Während der langen Wintermonate fallen die Niederschläge meist als Schnee. Schnee bedeckt den Boden normalerweise von Ende November bis Mitte März. In einem Jahr fallen mehr als zwei Meter Schnee. Aufgrund des Breitengrades kann es auch zu Blizzards kommen, ein Nordwind, der in Böen weht und, begleitet mit Schnee, ein heftiger Schneesturm ist.

Trotz der Wetterinstabilität, mit der das Klima heutzutage im Allgemeinen zu kämpfen hat, sind die Winter in Montréal mit der richtigen Planung von Aktivitäten ein Erlebnis wert, gerade für Winterliebhaber. Und wer kann von sich behauptet, dass er auf einem eingefrorenen See Schlittschuh gelaufen ist? Freier werden Sie sich kaum fühlen. Aber keine Sorge, es gibt für jeden eine passende Jahreszeit. Der Frühling ist von Mitte März bis Mai eher eine instabile Jahreszeit, die durch Temperaturschwankungen gekennzeichnet ist. Zunächst ist es im März recht kalt, mit noch häufigen Schneefällen und Frost, bis die ersten warmen Tagen einsetzen. Normalerweise ist es im April noch kalt, während es im Mai mild wird. Die Temperaturen variieren in diesen Monaten zwischen 11 und 19 Grad. Eine echte Übergangszeit.

Der Sommer ist von Juni bis August sehr warm, und an heißen Tagen ist es auch schwül, da sich die Flüsse Sankt Lorenz und Ottawa in der Nähe befinden und diese zusätzliche Feuchtigkeit liefern. Man sagt ironisch, dass es in Montréal nur zwei Jahreszeiten gibt: den Winter und den Monat Juli. Das ist natürlich nur eine Übertreibung, aber es ist eine gewisse Wahrheit, dass der Juli sich als der wärmste und sonnigste Monat herausstellt. Der August ist schon etwas kühler und weniger sonnig.

Im Sommer kann es zu Perioden mit heißem und feuchtem Wetter geben, mit Tiefstwerten um die 22 Grad und Höchstwerten um die 33 Grad. Tatsächlich kann es sogar in Einzelfällen noch heißer werden, mit bis zu 36 Grad. Da werden Ihnen die Brise am Fluss und die Wasseraktivitäten dann doch sehr guttun.

In Montréal sind die Räumlichkeiten in der Regel alle klimatisiert, daher ist es durchaus wichtig, was Sie mit in den Koffer einpacken. Aber es gibt noch eine Jahreszeit. Herbst ist von September bis Mitte November und ist anfangs angenehm, mit mehreren sonnigen Tagen und Temperaturen von über 25 Grad. Die Sonnenscheindauer in Montréal ist im späten Frühling und Sommer gut; in den anderen Monaten ist sie nicht hoch, und im Winter, wenn die Sonne nur sehr selten zu sehen ist, ist sie ziemlich knapp. Sie fragen sich nun, wann ist die beste

Zeit für einen Besuch? Die wirklich beste Zeit ist von Mitte Mai bis Ende September. Man sollte jedoch bedenken, dass es besonders im Juli und Anfang August sehr heiß und schwül werden kann. Für jeden, der die Hitze nicht so gut verträgt oder gewohnt ist, der sollte lieber den September bzw. den Herbst in Betracht ziehen. Vor allem die Winter können schwerfallen, wenn man nicht gut vorbereitet ist.

KOFFER ODER RUCKSACK? EINE PACKLISTE FÜR MONTRÉAL

Wie Sie sich nun Vorstellung können, ist eine robuste Winterpacklist essenziell, wenn man einen Winter in Québec überleben möchte. Absolut wichtig ist die Bekleidung. Eine sehr warme Jacke oder ein warmer Parka sind Lebensretter während des Winters in Quebec City.

Wenn Sie sich für eine Jacke entscheiden, kaufen Sie sich eine, die mit Daunen gefüllt ist. Dazu gehören dichte Winterstiefel, insbesondere wenn Sie planen viel Zeit im Freien zu verbringen. Da sich die Wetterbedingungen in der Provinz schnell ändern können, sind Stiefel mit guter Sohle sehr zu empfehlen. Des Weiteren sollte man unbedingt Thermohosen und Thermooberteile einpacken. Natürliche dürfen Handschuhe, Mütze und Schal nicht fehlen. Zur Not kann man dort welche kaufen. Die Kanadier sind im Winter sehr gut ausgestattet und ein nettes Andenken wäre dies zudem auch noch. Im Sommer ist die Bekleidung etwas leichter: Von kurzen Hosen, Shirts bis Badesachen und natürlich die Sonnenbrille dürfen im Gepäck nicht fehlen.

Denken Sie aber an die Klimaanlagen, die für teilweise sehr kalte Räumlichkeiten sorgen. Es ist sehr ratsam auch im Sommer mindestens einen Pullover oder etwas Dickeres mitzunehmen und sich in mehrere Schichten einzukleiden. Dann sind Sie auf der sicheren Seite, aber auch hier gilt: Die Einkaufsmöglichkeiten sind auch im Sommer groß.

Für Ihr Handy, Ihre Kamera oder sonstige Stromquellen benötigen Sie einen speziellen Adapter, da es in Nordamerika eine andere Spannung in den Steckdosen gibt. Damit es mit den Erinnerungsbildern klappt, legen Sie sich einen Adapter vor der Reise zu. Hier stellt sich außerdem die Frage, ob man einen Koffer packt oder einen Rucksack mitnimmt. Dies kommt darauf an, wie lange Ihre Reise ist und ob Sie doch mehr wandern und ganz frei von einer festen Unterkunft sind. Wenn Sie genau wissen, dass Sie eine kürzere Zeit da sind, und viel unterwegs sein werden, mit vielen verschiedenen Stopps, dann eignet sich ein großer Rucksack mit vielen Taschen.

Wenn Sie jedoch sehr viele Sachen benötigen und eine längere Reise machen, dann fahren Sie mit einem geräumigen Koffer mit viel Platz besser. Vor allem wenn man vor Ort viel einkaufen und mit vollen Taschen zurückkommen möchte. Daher überlegen Sie, was Sie in Montréal erleben wollen. Sind Sie der abenteuerliche Typ oder planen Sie lieber alles genau? Oder ist Ihnen eine Kombination lieber?

WICHTIGE DOKUMENTE

Der eine oder andere hat es schon gehört, dass man bei einer Reise nach Amerika eine elektronische Reisebestätigung einholen muss. Dies gilt auch für einen Urlaub in Nordamerika. Diese Bestätigung nennt sich eTA und ist eine Art Visum, dass man vor Einreise im Internet beantragen muss. Diese ist stark angelehnt an die amerikanische Version und beinhaltet Fragen nach persönlichen Daten, wie zum

Beispiel der Name des Arbeitgebers oder Familienangehörigen inklusive Adressangaben. Letztendlich ist es nur eine Formalität, die in etwa zischen 7-15 Euro kostet. Vielmehr sollte es allerdings nicht kosten.

Im Netz kursieren dazu viele Betrugsseiten, die erkennbar sind anhand viel zu hohen Preisen. Wenn Sie ganz sicher sein möchten, dann rufen Sie die Fluggesellschaft an, bei der Sie den Flug gebucht haben.

Denken Sie auch an Ihren Reisepass. Ohne einen gültigen Reisepass und der Einreisebestätigung, die Sie idealerweise ausgedruckt haben, werden Sie erst gar nicht den Flughafen verlassen können. Falls Sie vorhaben vor Ort ein Auto zu mieten, reicht das Vorzeigen des deutschen Führerscheins. Einen internationalen Führerschein, wie Sie ihn in den USA benötigen, brauchen Sie hier nicht. Beachten Sie nur, dass ein Fahrer über 25 Jahre alt sein muss. Andernfalls kann es sein, dass es bei einer Anmietung zu Mehrkosten kommen kann.

Zu dem Thema Bargeld gibt es zu sagen, dass es in Montréal genügend Geldautomaten, sogenannte ATMs, gibt und natürlich kann man so gut wie überall die Kreditkarte verwenden. Diese wird auch sehr gerne gesehen und ist die schnellste Möglichkeit der Zahlung. Die Landeswährung ist der kanadische Dollar. Es genügt, sich vor der Reise den aktuellen Wechselkurs anzuschauen.

Bei dem Bezahlen muss man beachten, dass die Steuern separat ausgewiesen sind. Diese kommen bei der Kasse noch auf den netto Preis hinzu. Für die meisten Waren und Dienstleistungen kommen 7 % staatliche Steuern und 7 bis 8 % Verkaufssteuern der Provinz dazu. Ausnahmen gibt es auch hier, zum Beispiel für Bücher oder Lebensmittel. Unter bestimmten Bedingungen und in bestimmten Fällen kann man sich auch die Steuer erstatten lassen, dazu gibt es Broschüren am Flughafen, bei Zollämtern oder man informiert sich im Internet. Um es aber vorweg zu nehmen:

In Restaurants und Taxen ist der Service selten im Preis inbegriffen und viele leben von dem Trinkgeld, daher sollte man ein Trinkgeld von 15 % geben. Andernfalls kann es auch unangenehm werden, da kein Trinkgeld auch schlechter Service bedeutet und man sich die Enttäuschung nur gut vorstellen kann, finden Sie daher die goldene Mitte.

Geheimtipps & Empfehlungen

Spannend wird es mit den Empfehlungen und Geheimtipps. Liebe geht durch den Magen, und es folgen einige Empfehlungen von Plätzen mit den schmackhaftesten Gerichten, auf die selbst die Montráeler schwören. Was isst der typische Frankokanadier und wo und wie feiert er? Finden Sie es im Folgenden heraus.

KANADISCHE LEIBSPEISE, DAS MÜSSEN SIE PROBIEREN!

Es gibt wirklich einzigartige kanadische Spezialitäten, insbesondere in Montréal, die eine lange Tradition haben. Der absolute Klassiker ist das so genannte Poutine, dass es nirgendwo so zu finden gibt und noch dazu so herrlich ungesund ist. Wenn man dort zu Besuch ist, darf man wohl beherzt sündigen. Poutine ist ein Teller voll knuspriger Pommes frites, die in einer braunen Spezialsoße und mit einem zerschmolzenen Käsequark bedeckt oder vermischt sind. Es gibt keine Worte dafür, man muss es einfach probiert haben und Sie werden es nie vergessen. Am besten probieren Sie das Poutine im Restaurant Chez Claudette oder im La Banquise. Aber unabhängig davon finden Sie dieses Gericht so gut wie überall.

Für die Montréaler eines der heiligsten Gerichte. Eine weitere Leibspeise gibt es im Schwartz's Deli. Das typische Sandwich mit geräuchertem Fleisch und Senf in einem Aufschnitt von Roggenbrot, ist alles, was dieses Gericht benötigt. Daher lassen Sie sich diesen Gaumenschmaus nicht entgehen. Genauso legendär sind die Bagels in Montréal. Es gibt dort nicht umsonst den besten Bagel der Welt. Bagel sind nichts weiter als Brötchen, die aussehen wie ein Donut. Dafür lohnt sich ein Abstecher in die Bäckereien Fairmount oder St-Viateur. Aber auch hier gilt: Sie finden die Bagel wirklich an jeder Ecke. Sie sind sehr zu empfehlen, besonders mit Schmierkäse oder mit Cheddarkäse.

Ein weiteres Highlight der Kanadier ist die Ahornsirup-Saison, die von Ende Februar bis Anfang Mai dauert. Québec ist der weltgrößte Hersteller von Ahornsirup. Jetzt werden Sie sagen, das kennen Sie schon, aber es ist nicht der sogenannte industrielle Maissirup, der in vielen Ländern als echter Sirup verkauft wird. Nein, dies ist der echte aus Ahornbäumen abgezapfte Zuckersaft, der eingekocht wurde und reinen Sirup beinhaltet. Geschmacklich ist dies ein sehr großer Unterschied, je nach Sorte kann dieser süßer oder gar karamellisierter schmecken. In jedem Fall kann man diesen Sirup sehr gut zu Pfannkuchen essen. Ihr Koffer hat noch Platz? Dann sollten Sie sich eine Flasche echten kanadischen Ahornsirup mit nach Hause nehmen. Für den kleinen Hunger werden Sie an vielen Ecken die verschiedenen Snackbars finden. Sie sollten aber unbedingt beim

Montréal Pool Room vorbeischauen. Dort gibt es nicht irgendeinen Hotdog, hier gibt es die beste Variante, die aus gedämpftem Rindfleisch auf einem Weißbrot mit Senf, gehackten Zwiebeln und Kohl zubereitet wird. Natürlich darf Ketchup oder Relish, eine Art Gurkenmischung, nicht fehlen. Man darf das Land nicht verlassen, ohne dies probiert zu haben, Sie werden feststellen, der Hotdog, den Sie aus dem IKEA kennen, kommt dagegen wirklich nicht an.

Dazu genießen Sie doch einfach einen Shirley Temple Cocktail, dies ist ein herrlich erfrischend alkoholfreies Mixgetränk, welches traditionell aus Ingwer-Ale und einem Schuss Grenadine gemixt wird, und die legendäre Kirsche dazu darf nicht fehlen, das ist das Wichtigste dabei. Ein weiteres Highlight auf der Probier-To-do-Liste während Ihres Aufenthalts in Montréal. Bitte vergessen Sie nicht, dass es üblicherweise in jedem Restaurant stilles Wasser umsonst dazu gibt, Sprudelwasser müssen Sie jedoch ganz normal bezahlen. Lassen Sie sich Ihre Zeit in Montréal gut schmecken.

CANADA DAY, DIE FEIER IHRES LEBENS!

Canada Day, auch Féte du Canada genannt, ist Kanadas berühmter Nationalfeiertag. Er ist ein gesetzlicher Feiertag, der landesweit zelebriert wird. Er feiert den Jahrestag des 1. Juli 1867, den Tag des Inkrafttretens des Constitution Act und erinnert an die Bildung Kanadas. Im ganzen Land finden verschiedene Feierlichkeiten zum Canada Day statt. Jede Stadt veranstaltet an einem Ort ein riesiges Fest, das zum Abschluss mit einem Feuerwerk gekrönt wird.

Da die Häuser zum größten Teil aus Holz bestehen, gilt ein generelles Feuerwerksverbot. Die Stadt und deren Feuerwehr organisieren daher aus gegebenem Anlass das kontrollierte Feuerwerk. Der Kanada Tag wird auch als Kanadas Geburtstag bezeichnet und wo man die Unabhängigkeit des Landes gebürtig feiert. Daher sollten Sie sich dieses Fest nicht entgehen lassen, kein anderes Fest ist beliebter bei den Kanadiern. Mischen Sie sich unter waschechte Montréaler, setzen Sie sich auf eine Wiese mit einem Poutine und einem kühlen Getränk und genießen Sie die ausgelassene Stimmung. Über den Tag verteilt können Sie an diesem besonderen Feiertag sehr viel erleben. So gibt es auf einem Gelände der Stadt musikalische Darbietungen, es gibt ein 21-Kanonen-Gruß der kanadischen Streitkräfte, der die Eröffnung von Themenzelten, sportliche Aktivitäten und aufblasbaren Spielen signalisiert. Durch die Stadt erklingt Musik und Sie werden sich fühlen wie in einem Spielfilm, so was haben Sie noch nicht erlebt, dass die Menschen so hinter ihrem Land stehen und ihre Fahnen schwenken.

Im Übrigen ist es üblich, dass fast an jedem Haus die kanadische Fahne hängt oder zu sehen ist. In Deutschland hat man dieses Gefühl nur nach einem erfolgreichen Fußballspiel, die Kanadier halten ihre Flagge das ganze Jahr über in Ehren. Den Stolz der Bürger auf Ihr Land werden Sie spüren, vor allem an ihrem Nationalfeiertag. Das wird mit Sicherheit die Feier Ihres Lebens werden, tun Sie Dinge, die Sie normalerweise nicht machen würden, lassen Sie sich auf die kanadische Kultur ein.

SHOPPING FÜR FORTGESCHRITTENE

Wer mit leerem Koffer nach Montréal fliegt, wird hier mit absoluter Sicherheit mit vollem Koffer wieder nach Hause kommen. Die Einkaufsmöglichkeiten sind einfach riesig. Von kleinen, versteckten Boutiquen oder den großen Einkaufszentren, es ist für jeden etwas dabei. Sind Sie bereit für einen Einkaufstag in dieser ultimativen Metropole? Bummeln Sie durch die Straßen der schönsten Gegend der Stadt, wie Le Plateau Mont-Royal, Westmount, Alt-Montreal und Downtown. Dort können Sie in verschiedenen Boutiquen stöbern.

Ob Sie für sich oder Geschenke für die Familie suchen, Sie werden schnell fündig werden, wenn Sie durch die Rue Sainte-Catherine, die Rue Crescent, die Rue Sherbrooke, die Avenue Laurier oder der Boulevard Saint-Laurent spazieren. Tragen Sie ein Stück good old Montréal mit sich nach Hause. Neben den individuellen Boutiquen in romantischen Alleen verfügt Montréal über einige der berühmtesten Shopping Malls mit den bekannten Designer-Marken und einer riesigen Auswahl der Geschäfte in einem Gebäude. Man könnte einen ganzen Tag in so einer

Mall verbringen, man findet wirklich alles dort. Eine der großen Malls ist das Montreal Eaton Centre, dass weit über 175 Läden und Restaurants beherbergt oder auch die Fairview Point-Claire Mall mit über 200 Geschäften. Mit diesen Adressen sind Sie bestens versorgt, passende Souvenirs und Urlaubserinnerungen werden Sie hier zu hundert Prozent finden.

LASSEN SIE IHR PORTEMONNAIE STECKEN – KOSTENLOSE ATTRAKTIONEN

Auch wenn das Shopping nicht mit eingeplant ist, eine Stadtreise muss nicht immer teuer sein, es gibt zu jeder Jahreszeit fabelhafte Unternehmungsmöglichkeiten, gerade in so einer vielseitigen Stadt. Im Sommer bieten einem die wundervollen Parks viele Aktivitäten und in der Winterzeit verwandeln sich diese regelrecht zu einem Olympiaspielplatz mit Eislaufen, Skilanglauf und Tubing, dass so ähnlich wie ein Schlitten funktioniert.

Absoluter Liebling ist der Park Mont Royal, es ist ein 6 bis 7 Kilometer langer Spaziergang zum Gipfel und dauert je nach Tempo eine Stunde. Oben angekommen können Sie den wunderschönen Ausblick über die Metropole genießen. Doch auch Kunstmuseen haben einzelne Tage, an denen der Eintritt kostenlos ist. Es lohnt sich wirklich, vor Besuch der Museen zu recherchieren. Es gibt auch einen öffentlichen Lebensmittelmarkt und natürlich sind einzelne Verkostungen frei. Wirklich berühmte Märkte sind der Jean Talon Market, Maisonneuve und Atwater Market.Es muss nicht immer ein teures Restaurant sein.

Hat man genug gegessen, findet man sicher schnell den Weg zu einem der Festivals. So bietet das Montreal High Lights Festival, das Ende Februar ist, eine kostenlose Eisrutsche, Schlittschuhlaufplatz, ein Feuerwerk und Livemusik. Es gibt wirklich viele kostenlose Freiluftveranstaltungen, daher lohnt es sich, einige Festivals zurechtzulegen. Eine ultimative Sehenswürdigkeit ist die Notre-Dame Kirche. Die Messen sind frei und die Klänge der großen Orgel sind faszinierend. Während der Sommersaison werden im Hôtel de Ville, das majestätische Rathaus der Stadt, kostenlos 45-minütige Führungen angeboten. Ein absoluter Geheimtipp ist der Ort Marché Bonsecours, eine ehemalige Markthalle, die in der Altstadt zwischen Rue Saint-Paul und dem Alten Hafen liegt. Zweimal im Jahr findet dort der große Modeverkauf von Québecer Designern statt. Dies ist eine wirkliche Einkaufstradition in Montréal. Man findet dort auch echte Schnäppchen, für echte Fashion-Junkies ein absolutes Spektakel.

Schlussplädoyer für Montréal

Entscheidet man sich für eine Reise nach Montréal, entscheidet man sich in erster Linie für das Land Kanada. Viele kennen die Geschichten der Besiedlung Kanadas durch die Europäer aus den Romanen, wie zum Beispiel Lederstrumpf, Der letzte Mohikaner von James Fenimore Cooper oder Wolfsblut von Jack London. Wenn man bedenkt, dass die vollständige Unabhängigkeit Kanadas erst in 1982 erfolgte und es seitdem einzelne Provinzen und Städte geschafft haben, sich innerhalb eines Landes so sehr voneinander abzuheben, kann man als Fazit ganz klar sagen, noch nie haben Sie so eine eigenständige und provokante Stadt erlebt, wie es Montréal ist. Festivals, Musik, Kunst, Literatur, Tanz, Naturwissenschaft, Geschichte und mehr, es passiert fast immer etwas aufregendes in dieser Metropole, die man vom Untergrund oder auch vom Berg aus bewundern kann.

Die Einheimischen sind für ihren einzigartigen Stil bekannt, ihre lebensfrohe Art und ihren unfassbaren Stolz für ihr Vaterland werden Sie positiv mitreißen. Die Innenstadt begrüßt Sie mit vielen Einzelhandelszielen, so können Sie die schönen Alleen entlang spazieren und deren Läden laden Sie zu einem kleinen Halt zum Einkaufen ein.

Während Sie durch die Viertel schlendern, erleben Sie die verrückte Straßenkunst. Diese kreative Atmosphäre wird Sie in Beschlag nehmen. Die talentiertesten Künstler verschönern die Wände und Straßen, diese lebende Stadt wird Ihnen ein farbenfrohes Spektrum von Künstlern vorführen. Mit Sicherheit kann man sagen, dass Montréal Sie in Ihren Bann ziehen wird. Das Schlussplädoyer ist: Besuchen Sie diese fabelhaft europäische Stadt in Nordamerika, mit der gemischten Kultur, Sprache und unglaublich kreativen Ader, die sich durch die Stadt zieht. Das Motto der Stadt ist nicht umsonst „Concordia Salus", was übersetzt heißt: Wohlergehen durch Harmonie.

Auf der geoid schen kernstruktur Spreite und dppas hilfe
In kantrut Aber wir eine (hoch) die vorub geinp wäre der
Sammlu der Skemet unterkommen al einrolle sahr
wer die enja der den Wälder her, sein der empiri

Herstellung und Verlag:
BoD – Books on Demand, Norderstedt
ISBN: 9783751971805

© Vanessa Pütz 2020
1. Auflage
Kontakt: Psiana eCom UG/ Berumer Str. 44/ 26844 Jemgum
Covergestaltung: Fenna Larsson
Coverfoto: depositphotos.com